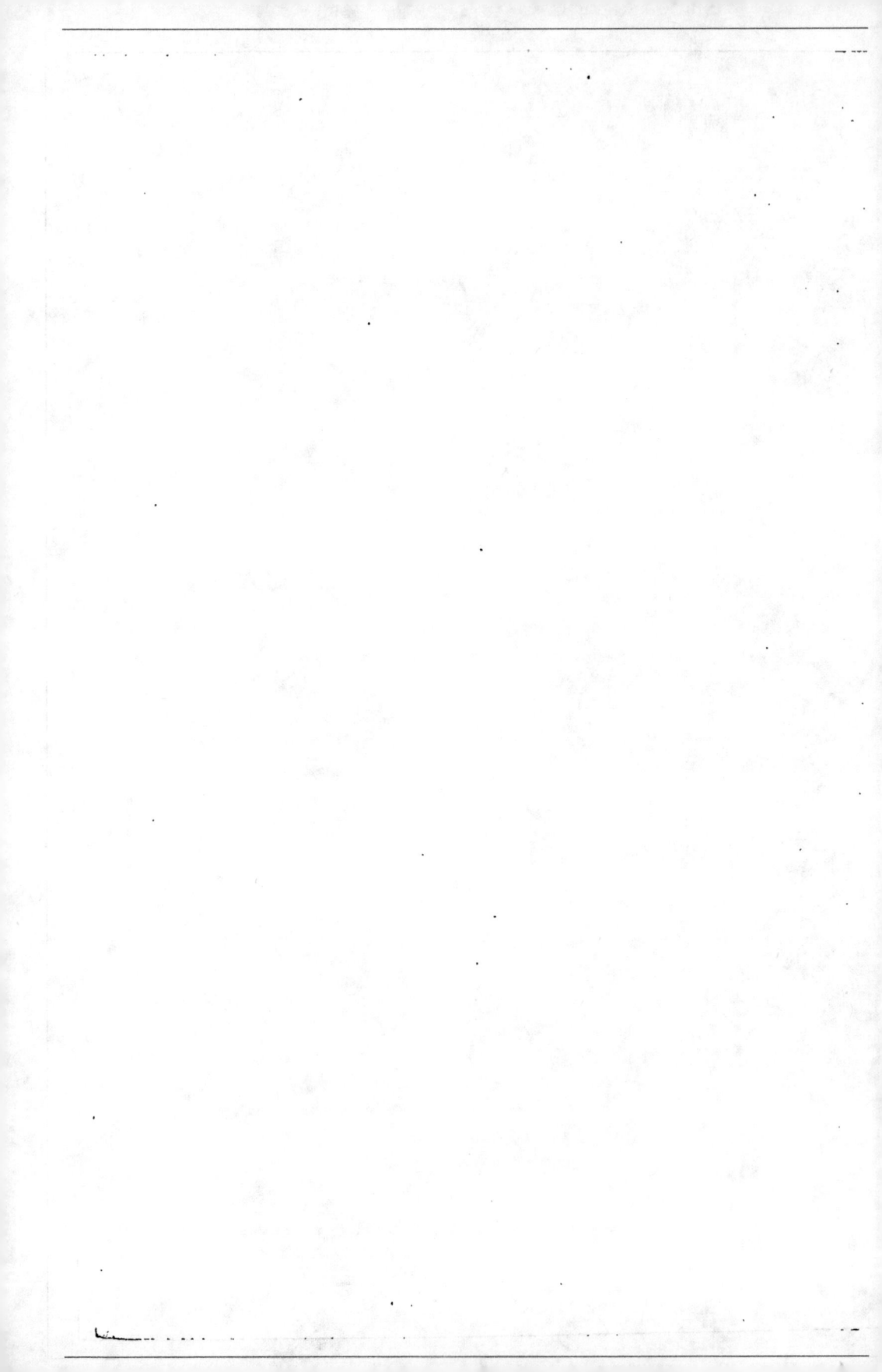

RÉCIT

DU

COMBAT D'HÉBECOURT

DISCOURS

prononcé le 26 Janvier 1873
à l'occasion de la Bénédiction des Monuments
élevés aux Soldats Français tombés sur
le territoire d'Hébecourt le 27 novembre 1870

PAR

EDMOND FIQUET

> Quand la France est au plus bas,
> disait le cardinal de Richelieu, c'est
> le moment où elle va s'élever au
> plus haut ; plongez-la dans l'abîme,
> elle remontera jusqu'au ciel.

AMIENS

IMPRIMERIE H. YVERT, RUE DES TROIS CAILLOUX, 64.

—

1873

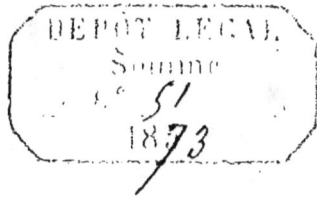

RÉCIT

DU

COMBAT D'HÉBECOURT

DISCOURS

prononcé le 26 Janvier 1873
à l'occasion de la Bénédiction des Monuments
élevés aux Soldats Français tombés sur
le territoire d'Hébecourt le 27 novembre 1870

PAR

EDMOND FIQUET

> Quand la France est au plus bas,
> disait le cardinal de Richelieu, c'est
> le moment où elle va s'élever au
> plus haut ; plongez-la dans l'abîme,
> elle remontera jusqu'au ciel.

AMIENS
IMPRIMERIE H. YVERT, RUE DES TROIS CAILLOUX. 64.

—

1873

Enfin, de la prison les gonds bruyans
roulèrent.
LAMARTINE, la mort de Socrate.

RESPECTUEUX HOMMAGE

DE RECONNAISSANCE

A M. L'ABBÉ PICARD

CURÉ DE SAINT-SAUFLIEU

Angelus autem Domini descendit cum Azaria et Sociis ejus, in fornacem ; et excussit flammam ignis de fornace.

Et fecit medium fornacis quasi ventum roris flantem : et non tetigit eos omnino ignis, neque contristavit, nec quidquam molestiæ intulit.

Or, l'ange du Seigneur était descendu vers Azarias et ses compagnons dans la fournaise ; et écartant les flammes.

Il avait formé au milieu de la fournaise un vent frais et une douce rosée ; et le feu ne les toucha en aucune sorte, ne les incommoda point et ne leur fit aucun mal.

(Daniel, chapitre III, v. 49 et 50.

Arma virumque cano.....
Les peuples sommeillaient : un sanglant incendie
Fut l'aurore du grand réveil.
BUONAPARTE, ode XI. Victor Hugo).

MESSIEURS,

La loi de Sparte disait aux soldats: « *Mourez plutôt que d'abandonner votre poste,* » et pour obéir aux lois de leur pays, Léonidas et trois cents Spartiates luttant contre une innombrable armée de Perses, restèrent sur le champ de bataille des Thermopyles. L'histoire raconte qu'au lendemain du combat, ces héros de la Grèce n'eurent point d'autres obsèques que celles de plusieurs milliers d'ennemis; mais, plus tard, la reconnaissance hellénique consacra à ces stoïciens de l'esprit militaire une inscription avec ces vers du poète Simonide : « *Passant, va dire à Sparte que tu nous as vus ici gisants pour obéir à ses saintes lois.* »

Après plus de deux ans écoulés, nous venons ici, Messieurs, pour la deuxième fois (1), accompagnés des ministres de la Sainte Église, rendre un double hommage d'admiration patriotique et de prières ferventes à des compatriotes qui, eux aussi, n'avaient eu au lendemain de la bataille d'autres obsèques que celles de l'ennemi ; -- nous venons marquer par des monuments, dont la simplicité rappellera moins la Défaite que la Mort, la place sacrée de ceux qui ont péri pour obéir aux lois du pays et du patriotisme.

---

(1) Peu de temps après l'évacuation du département de la Somme M. l'abbé Macque, alors curé de Rumigny, desservant d'Hébécourt, et aujourd'hui curé de Esmery-Hallon eut l'heureuse inspiration de bénir les terrains où avaient été déposés les corps des soldats tués à Hébécourt.

Vous les avez vus gisants, habitants d'Hébécourt, les trente-sept soldats du deuxième bataillon de marche des chasseurs à pied, et, sous l'œil farouche de l'ennemi vous leur avez donné la sépulture. Dès ce jour, vous avez voué à ces héros un culte patriotique de reconnaissance, vous avez résolu de garder leur mémoire contre le temps et l'oubli et de dire bien haut au pays, à la France qu'ils étaient tombés, ces braves, héros de ce siècle, pleinement fidèles à nos belles traditions de bravoure nationale.

II.

Je vais redire à cette foule empressée, accourue de toutes parts pour leur rendre hommage quels furent la valeur et l'héroïsme antique de ces morts militaires dignes, je 'le jure, du pays et de l'armée. De telles vertus nous dicteront un haut enseignement et seront pour nous une source de sereine espérance pour l'avenir national.

III.

Messieurs,

Depuis plusieurs jours l'ennemi était signalé ; on savait qu'il se dirigeait sur Amiens venant de Metz, et des dépêches précises, transmises aux autorités militaires et civiles, fixaient à 60,000 hommes les forces allemandes prêtes à investir le chef-lieu de ce Département.

Le 26 novembre, vers midi 3/4, l'ennemi parut pour la première fois sur ce territoire : quatre hussards allemands postés en avant du moulin *la Vignette* venaient reconnaître Hébécourt. Accueillis par quelques coups de fusil, tirés par des mobiles du 4ᵉ bataillon de la Somme établis dans le moulin, les hussards disparurent.

Dans cette journée, Hébécourt qui, depuis le 13 octobre, était occupé par des mobiles de la Somme, fut évacué ; le soir, vers minuit, les mobiles avec d'autres forces militaires vinrent camper entre le bois et le village, mais, avant le jour, ces troupes avaient disparu.

Le champ était libre à l'héroïsme des soldats du commandant de Boisguillon.

Le 2ᵉ bataillon de marche des chasseurs à pied était cantonné depuis peu dans la vallée de Selle, à Plachy, à Bacouel, à Vers et à Saleux.

Le 27 novembre, le commandant, dont le quartier-général était à Bacouel, envoya, vers huit heures du matin, quelques hommes en éclaireurs jusque dans Saint-Sauflieu. Ces éclaireurs rencontrèrent l'ennemi et quelques coups de feu furent tirés.

L'armée allemande répondit au feu français en bombardant Saint-Sauflieu : trente obus, au moins, tombèrent sur le village qui eut à pleurer trois victimes auxquelles un jour, je n'en doute pas, un patriotisme revendicateur consacrera une inscription commémorative.

Surpris par le nombre, les éclaireurs du 2ᵉ bataillon de marche sont obligés de quitter Saint-Sauflieu, mais, s'ils quittent Saint-Sauflieu, ne pensez pas qu'ils fuient le combat. Je les ai vus, ces jeunes soldats, presque tous engagés volontaires, opérer leur retraite, et je ne sais si de vieilles troupes auraient eu plus de calme et plus de sang froid. Échelonnés en tirailleurs dans cette plaine de la chaussée Brunehaut, ils allaient insouciants du danger et de la mort.

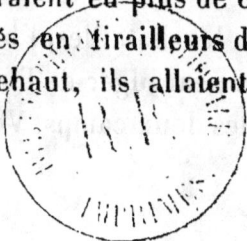

Cependant, les compagnies répandues dans la vallée de Selle ne restent pas inactives : soit pour obéir à des ordres reçus, soit par cette noble ardeur qui pousse toujours nos soldats à marcher du côté où ils entendent gronder le canon, tout le 2ᵉ bataillon se met en marche vers notre plateau.

Il est environ 9 heures 3/4 : huit uhlans paraissent en vue d'Hébécourt, sur le territoire de Plachy au lieu dit les *arbres Simon Neveu*.

Mais le deuxième bataillon, arrivant à marche forcée, a eu le temps de se poster dans le bois et d'envoyer des éclaireurs dans différentes directions. Trois pénètrent jusque dans Hébécourt et traversent tout le village où ils rencontrent les éclaireurs ennemis qu'ils saluent de leurs chassepots.

Le combat est engagé. Une fusillade stridente, horrible, impitoyable se fait entendre ; quelques coups de canon, tirés par l'ennemi, pour sonder le bois, ajoutent leur notes graves et puissantes au bruit sonore de la fusillade.

Qui dira les actions héroïques de ces humbles soldats que le ciel a pris sans laisser même leurs noms à l'admiration des contemporains et de la postérité ? Qui dira l'énergie, le courage, l'intrépidité qu'ont dû déployer ces jeunes recrues pour arrêter les masses énormes d'un ennemi qui couvre toutes les plaines de son infanterie et de sa cavalerie ?

Hélas ! dans les batailles, l'héroïsme n'a guère de témoins, mais on peut juger de l'héroïsme par le nombre des morts dans les deux camps. Voyez nos soldats ! faible poignée d'hommes, ils luttent contre une armée ; enregimentés de la veille, incomplets, non aguerris, ils opposent leurs jeunes poitrines à de vieilles milices sans cesse renouvelées et nourries dans les combats. Méprisant la mort, les nôtres sont là 37 ! 37 tombés en moins d'une demie-heure ; 37, dont plusieurs ont péri à des places d'honneur, en avant de leurs compagnies, qu'ils étaient chargés d'éclairer, car dans cette guerre la cavalerie, qui faisait défaut, était remplacé par le dévouement et le courage.

Les vainqueurs ne nous ont pas permis de compter leurs morts ; dissimulés et habiles, les Allemands laissent intacts les champs de bataille, de peur sans doute que l'ardeur de leurs adversaires ne grandisse à la vue des résultats meurtriers opérés par la résistance. Cependant, des paroles de l'ennemi, notamment des renseignements de plusieurs officiers, de ce que plusieurs habitants ont pu voir, il est permis d'affirmer que, dans les rangs de l'Allemagne, le nombre des morts fut considérable.

Je me hâte d'ajouter, Messieurs, que toutes les actions héroïques n'ont pas été perdues pour l'histoire.

Le combat d'Hébécourt a eu pour ainsi dire deux théâtres. Une partie du combat s'est passée en avant du chemin d'Hébécourt à Plachy-Buyon, une autre partie du combat a été livrée autour du bois de la Belle-Epine.

Au chemin de Plachy-Buyon, les chasseurs à pied étaient peu nombreux : il y avait d'une part ces quelques éclaireurs qui avaient été obligés de quitter Saint-Sauflieu en se repliant par la chaussée Brunehaut, et d'autre part quelques hommes détachés des compagnies qui étaient postées dans le bois.

Ces hommes qui avaient à l'avance sacrifié leur vie, attendirent l'ennemi de pied ferme : tous restèrent là, à leur poste, et, le moment veuu, ils tentèrent par des efforts énergiques d'arrêter la cavalerie prussienne. Plusieurs usèrent leurs cartouches jusqu'à la dernière et moururent faute de pouvoir plus longtemps détruire un ennemi qui renaissait sans relâche sous leurs coups. On cite un soldat qui après avoir atteint six cavaliers allemands tomba avec une gloire qui n'appartient qu'au nom français. Aucun ne songea à quitter le champ d'honneur tant qu'il fut possible de défendre un pouce de terrain, et, débordés de toutes parts, plusieurs ne conservèrent la vie qu'en contrefaisant le mort sous l'œil investigateur d'un ennemi défiant.

Là bas, du côté du bois de la Belle-Épine, l'énergie n'était pas moins grande. Trois fois nos jeunes troupes font reculer la cavalerie ennemie ; l'infanterie qui survient hésite à son tour ; et si la lutte enfin devient inégale il faut en accuser ces immenses cohortes de fantassins qui multiplient encore leurs forces et leur nombre en s'abritant derrière des murs garnis d'échelles et percés de créneaux faits à la hâte.

L'histoire relèvera sur cette partie du champ de bataille deux nobles actions.

Un chasseur, celui-là encore envoyé en éclaireur, culbute un cavalier ennemi, l'aborde, lui ôte la vie et, sous une pluie de balles, coupe la sabretache du mort, voulant du moins avoir pour le montrer à ses chefs, un trophée éclatant de son courage. Dieu protégea ce brave, et Dury, quelques instants après put saluer en lui la vertu militaire !

Oublierai-je de Guise chez lequel comme dit le poète :

La vertu n'attend pas le nombre des années

de Guise, dont le corps inanimé et sanglant s'offrit à ma vue, deux heures après le combat. Placé dans le bois, sur le côté droit de la route, non loin de ce monument que lui éleva sa famille affligée mais fière d'un tel fils, il vise un officier ennemi, l'atteint et, défiant les balles, veut, comme dans un duel entre deux hommes, s'approcher de son adversaire, pour lui demander sans doute aussi une preuve de son audace, mais, trop héroïque, de Guise tombe sous les coups de l'ordonnance de cet officier qu'il avait atteint mortellement, et que la Providence vengeresse retrouva, à son heure, peu de jours après, dans une ambulance de Dury.

Pour être complet, je mentionnerai ici l'intervention du 4ᵉ bataillon de la Somme, que le dévouement d'un habitant d'Hébécourt me permit de prévenir à temps. Arrivés vers la fin du combat, les mobiles rendirent du moins plus facile et plus sûre la retraite forcée de nos héroïques chasseurs, écrasés par une armée entière.

La bataille de Dury retrouva les chasseurs à pied fermes dans la position qui leur avait été confiée et l'histoire de cette bataille dira comment sut mourir l'audacieux Boisguillon qui inspirait une telle ardeur à ses soldats.

J'ai raconté le combat, mais comment pourrais-je, habitants d'Hébécourt, détourner les yeux de ce qui se passait dans nos foyers, pendant cette fureur guerrière.

Un ennemi ivre de vin et de colère, entrait dans le pays, — tirait sur nos maisons, croyant sans doute y

trouver des troupes qui en étaient absentes, — enva-
hissait nos demeures qu'il fouillait avec une audace
brutale révélant plus encore la crainte que la bravoure,
— frappait et mutilait plusieurs d'entre nous, — sépa-
rait, au mépris de tous les droits, au mépris de toutes
conventions internationales, le fils et l'époux de la mère
et de l'épouse, — faisait des habitants inoffensifs
prisonniers de guerre, et, de par l'unique droit de la
force, prenait des ôtages qu'il enchaînait et traitait avec
une barbarie dont on ne trouve d'exemple que chez les
peuples de l'antiquité.

Au milieu de cette pompe funèbre, je ne puis passer
vos noms sous silence, Lefebvre et Joly, regrettés
concitoyens, victimes infortunées et inoffensives de la
brutalité allemande ! Sans armes, sans que vous ayez
marqué aucune intention de résistance, les balles
ennemies dirigées par des volontés froidement cruelles
vous frappèrent dans vos foyers. Captif moi-même,
je me souviendrai toujours, d'avoir vu, à genoux,
pleurant et sanglotant sur le corps sans vie de son
époux la femme de Blimont Lefebvre, dont le ciel eut
pitié en l'appelant à lui cinq mois, jour pour jour, après
ces tragiques événements.

Scènes horribles, scènes affreuses qui font moins
aimer l'humanité capable de tels excès et qui, tôt ou
tard, appellent la vengeance de Dieu sur ceux qui les
commandent.

L'ennemi, pour légitimer de telles horreurs, pour
expliquer la destruction et le pillage affreux auquel il se
livra dans vos demeures, allégua la perte d'un officier,
d'un prince, le prince de Hastenfeld. Facile reven-

dication, triste vengeance que celle qui consiste à tuer les faibles pour faire acquitter les hasards des batailles.

Mais était-ce donc aussi pour payer la mort du prince de Hastenfeld que, le même jour, à la même heure, cet habitant de Buyon, humain et brave, Neveu, était atteint mortellement d'une balle pour avoir commis le crime de ramasser un blessé français ? Etait-ce donc aussi pour payer la mort du prince de Hastenfeld, que le lendemain, notre héroïque compagnon de captivité, Lelièvre (de Plachy), était lâchement sous les yeux de mon père et sous les miens, hâché de coups de sabre et de baïonnettes et condamné ensuite, à l'ambulance de Dury, à une agonie sans exemple !

Ah ! Messieurs, je vous en adjure, n'oublions pas, quelque pénible et poignant qu'en soit le souvenir, n'oublions pas, ces scènes affreuses ! Que la tradition s'en conserve intacte et complète. Transmettez-la à vos fils et gravez-la dans leurs jeunes cœurs. Les Français, dit-on, oublient vite ; qu'ils se souviennent éternellement d'une pareille histoire. L'oubli de tels forfaits serait le testament du pays !

Et pour consoler nos cœurs de si cruelles douleurs, fiers d'un pays qui, au milieu de si grands désastres, produit encore des vertus et des courages si grands ; — confiants dans les desseins de Dieu, répétons parfois ces consolantes et vivifiantes paroles que le cinquième des Macchabées adressait à l'infâme Antiochus Epiphane, au moment de tomber sous les coups du tyran :

« *Vous faites ce que vous voulez parce que vous avez reçu la puissance, quoique vous soyez vous-même un*

homme mortel; mais ne vous imaginez pas que Dieu ait
abandonné notre nation.

« *Attendez seulement un peu et vous verrez quelle est*
la grandeur de sa puissance et de quelle manière il vous
tourmentera vous et votre race.

(Liv. 2, chap. VII, § 16 et 17).

IV.

Oui, répétons-les, Messieurs, ces saintes paroles :
« *Dieu n'a pas abandonné notre nation.* » Répétons-les
avec l'espoir fervent de patriotes chrétiens.

Née à Tolbiac au sein d'une victoire, triomphante à
Vouillé de l'arianisme, à Poitiers du mahométisme ;
héroïquement ferme devant l'invasion des idées de
Luther et de Calvin ; toujours dévouée, malgré quelques
lamentables défaillances, à l'église du Vatican, — la
nation française est, comme le dit Lacordaire, une
nation *appelée.*

Infidèles à notre mission, nous nous sommes laissés
aller, il est vrai, avec le XVIIIe siècle, à l'esprit de
négation et d'incrédulité, et de là datent nos malheurs.

La France aujourd'hui encore expie devant Dieu, ne
vous abusez pas, le crime qui fit monter sur l'échafaud
révolutionnaire le meilleur et le plus honnête des
Rois.

Quelque soit le gouvernement que conserve ou adopte
le pays, République ou Monarchie, souvenons-nous,
Messieurs, souvenons-nous de notre vocation, de la
vocation de la nation française. Revenons à nos traditions, revenons à la politique sage et prudente de nos

vieux rois, de ces rois qui firent la France, à la politique de Pépin-le-Bref, le défenseur de l'Église romaine, à la politique de Charlemagne appelé par Bossuet « le grand protecteur de l'Église et de toute la chrétienté », — revenons au Dieu des Clovis et des Saint Louis, des Godefroy de Bouillon et des Lamoricière.

Et alors appuyée sur cette devise : *Dieu et Patrie*, assistée du maître des Rois et des Nations, — la France sans abdiquer des conquêtes politiques chèrement achetées, reprendra dans le monde son rang légitime de nation très-chrétienne ; — ses armées, protégées et guidées par celui qui tient le sort des batailles entre ses mains puissantes, ne seront plus vainement héroïques ; — une ère nouvelle de prospérité et de gloire surgira enfin qui fera paraître moins horrible et moins sanglante à nos mémoires affligées cette page lamentable de notre histoire où, après les douleurs de la défaite, il faut lire, dans le sang et la honte, le récit des massacres hideux de 1871.

Amiens. — Typographie H. YVERT, rue des Trois-Cailloux, 64.

www.ingramcontent.com/pod-product-compliance
Lightning Source LLC
Chambersburg PA
CBHW070749280326
41934CB00011B/2858